Dieses Buch gehört

Liebe Eltern,

wir wollen Ihr Kind beim Lesenlernen unterstützen, und zwar mit spannenden und lustigen Geschichten.

Unsere Bücher mit der liebenswerten Bildermaus begleiten Ihr Kind durch die Vorschule. Sie enthalten kurze Geschichten mit einfachen Sätzen sowie großer und leicht lesbarer Schrift. Hauptwörter werden durch kleine Bilder ersetzt. Lesen Sie die Geschichten vor und lassen Sie Ihr Kind die Bilder selbst benennen. Am Ende finden Sie eine Bild-Wörterliste mit den einzelnen Bedeutungen.
Viele bunte Illustrationen sorgen außerdem für Lesepausen und helfen, die Geschichte zu verstehen.

So wird der Spaß am Lesen geweckt, und Ihr Kind wird ganz nebenbei von der Bildermaus zum echten Leselöwen!

Ihre Bildermaus

Bildermaus

Ann-Katrin Heger

Fahrradfahren macht Spaß

Illustriert von Anna-Lena Kühler

Loewe

Ihre Meinung zählt!

Nehmen Sie jetzt an einer kurzen Elternbefragung des Loewe Verlags teil und beeinflussen Sie die zukünftige Entwicklung unserer Kinderbücher:

www.elternbefragung.online

Unser Kinderbuch-Newsletter bietet alle Infos zu Neuerscheinungen und tollen Veranstaltungen, exklusive Gewinnspiele und vieles mehr!

Jetzt kostenlos abonnieren: www.loewe-verlag.de

FSC
www.fsc.org
MIX
Papier aus verantwortungsvollen Quellen
FSC® C109273

Klimaneutral
Druckprodukt
ClimatePartner.com/18521-2202-1001

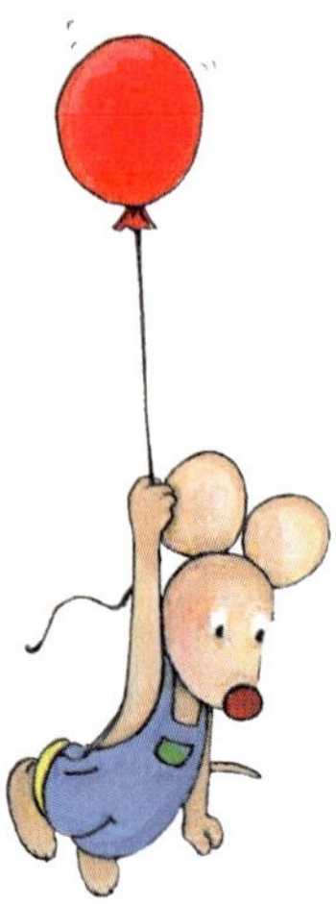

ISBN 978-3-7432-1178-0
1. Auflage 2022

Umschlag- und Innenillustrationen: Anna-Lena Kühler
Umschlaggestaltung: Elke Kohlmann
Vignetten Bildermaus und Sticker: Angelika Stubner
Reihenlogo nach einem Entwurf von Angelika Stubner
Printed in the EU

www.bildermaus.de

Inhalt

Berg- und Tal-Roller 8

Der rote Flitzer 18

Das Wettrennen 27

Berg- und Tal-Roller

„Toll, Nelli!“, ruft Jan. „Und jetzt flitz noch um die  herum!“

Nelli lacht und stößt sich kräftig mit dem 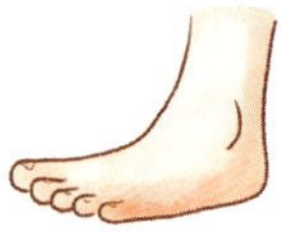 ab. Sie saust mit ihrem  an einem  vorbei. Dann rast sie auf die  zu, wendet und umkreist ihren .

Dort sind gelbe  darauf.

„Gewonnen!“ Nelli wirft jubelnd

die  nach oben und dreht sich

wie ein 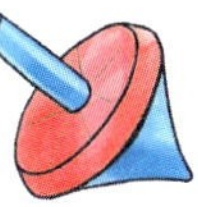. Auf der  hinter

der 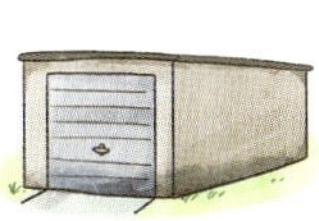 sieht sie andere . Sie

rumpeln mit dem  über .

Die  fahren kleine 

hinauf und wieder hinunter. Sie sind

schnell wie . Und mutig wie

echte . Nelli packt ihren 

und sagt zu Jan: „Nichts wie hin.

Das will ich auch können!“

Neugierig stapft sie über die .

Als sie bei der selbst gebauten 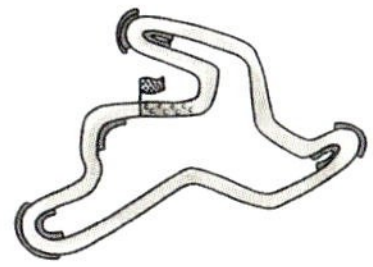

ankommt, fährt eines der 

dicht an ihr vorbei. Nelli spürt

den an ihrer .

Das  hat einen  auf dem . Sie bimmelt wild mit der . „Aus dem 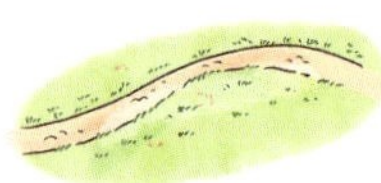!“, schreit das . „Hier haben  nichts zu suchen.“

Nelli verschränkt die . „Und wenn doch?“, fragt sie und fährt schnurstracks den  hoch. Als sie oben ist, wird ihr mulmig im 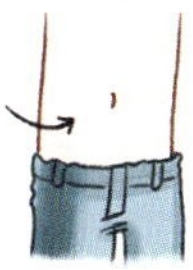. Denn der  ist nun keiner mehr, sondern ein riesiger .

Sie überlegt kurz, dann macht

sie die  zu und brettert los.

Erst klappt es prima. Nelli wird

schneller und schneller. Doch dann

taucht vor ihr eine dicke  auf.

Sie kommt näher und näher und ...

Ahhhhh! Das  des 

bleibt an der  hängen. Nelli

fliegt in hohem 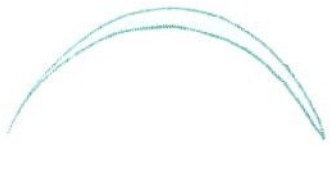 über den 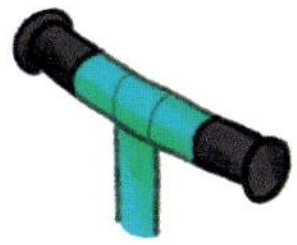.

Und landet in einer . Ihre 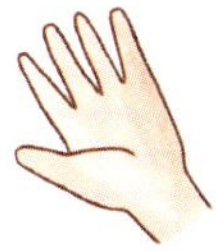

ist aufgekratzt. Jan kommt zu ihr

und rückt ihren  gerade.

„Ist es schlimm?“, fragt er und runzelt besorgt die . Nelli schüttelt tapfer den . „Das war klar, dass du hinfällst wie eine müde 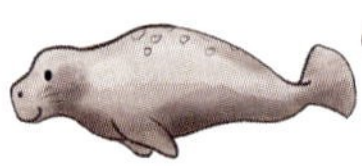“, lacht ein  mit blauem . Nelli dreht sich um.

„Selber “, zischt sie leise.

Jan nimmt ihre 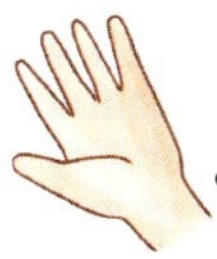. „Ich weiß was!

Komm mit zur ! Da kann uns

niemand sehen.“

Der rote Flitzer

Jan stemmt mit beiden 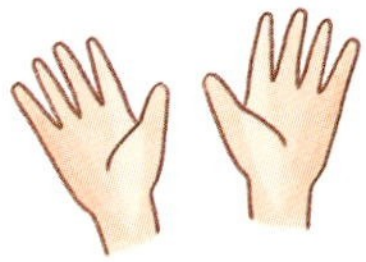 das 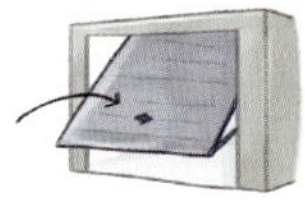 nach oben. Die  ist voll mit ,  und einem großen . In der  steht ein rotes . Jan schiebt das  nach vorne. „Es ist zu klein für mich geworden. Du kannst es haben!“

Nelli strahlt übers ganze .

„Echt? Das ist der ! Aber ich kann nicht fahren.“ „Ich bringe es dir bei“, sagt Jan. „Setz dich auf den 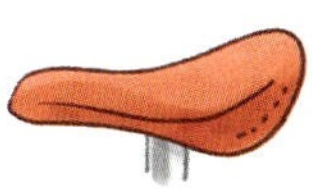. Ich halte dich am 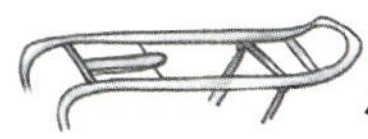, damit du nicht umfällst.“

Vorsichtig steigt Nelli aufs  .

Es fühlt sich wackelig an. Doch Jan

schiebt sie am  vorbei nach

draußen auf den  . „Wenn du

mit den  nach hinten trittst,

bremst du“, erklärt Jan.

„Lenken kannst du ja schon.“ Nelli nickt. Jan schiebt sie an und Nelli tritt in die . Sie ist schnell. Zu schnell. „Pass auf, die !“, ruft Jan. Zu spät. Nelli prallt mit dem 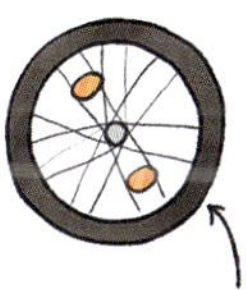 genau dagegen.

Das  kippt und Nelli kippt mit. Sie kann gerade noch auf den  springen. „Gleich wieder auf den 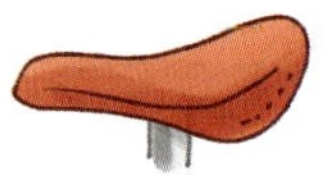“, meint Jan. Nelli beißt tapfer die 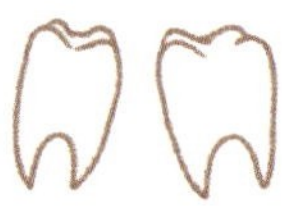 zusammen.

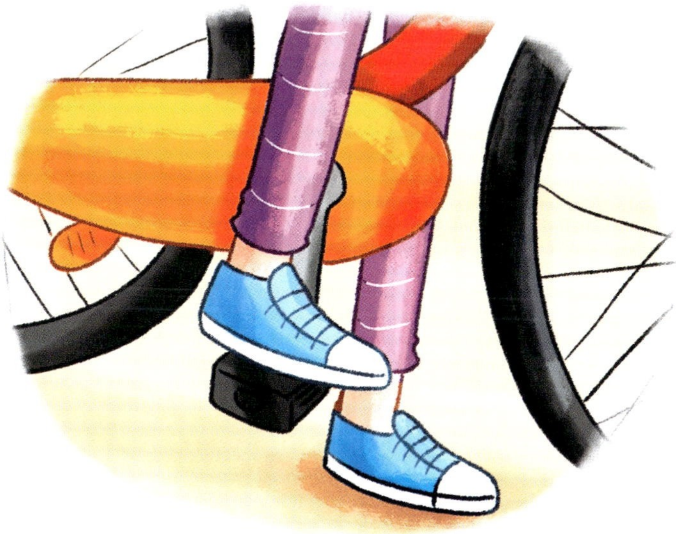

Sie stellt einen 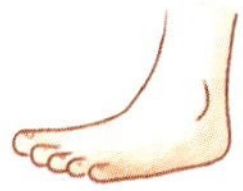 auf das ,

stößt sich mit dem anderen  ab.

Und jetzt geht es leicht. Sie fährt

einen  um einen  herum.

„Du kannst den 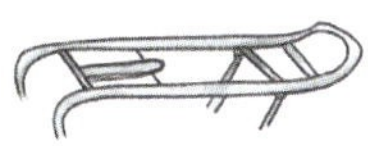 loslassen!“,

bittet sie Jan.

„Schon passiert!“, lacht Jan. „Ich

stehe hier drüben beim !“

Sie tritt kräftig nach hinten in

die . *KRRRRRRCHHHH!*

machen die 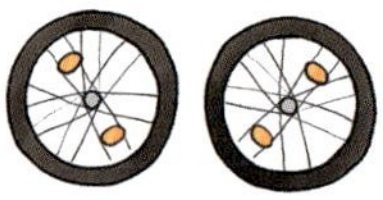 und sie

schlittert über den 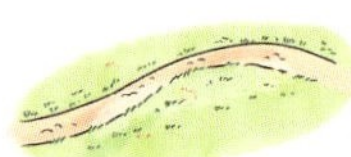.

„Du bist gemein!“, ruft sie. „Und du kannst jetzt  fahren!“, sagt Jan. Er schnappt sich Nellis  und fährt voran. Da muss Nelli lachen. Dann fährt sie ihm nach.

Den ganzen 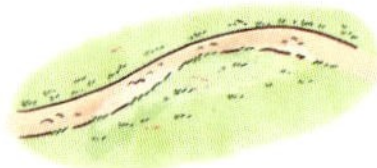 entlang, an den  vorbei und sogar an einigen . „Und jetzt weiß ich noch was“, sagt Jan und flüstert Nelli etwas ins . Nelli nickt. „Das ist ein super !“

Das Wettrennen

Jan nimmt das  und Nelli den . Sie gehen über die . Dorthin, wo die anderen  mit ihren  über die  rasen. „Hört her!“, ruft Nelli. Das  mit dem  auf dem  und der  von vorhin bremsen.

Sie sehen Nelli mit großen 

an. Nelli verschränkt die 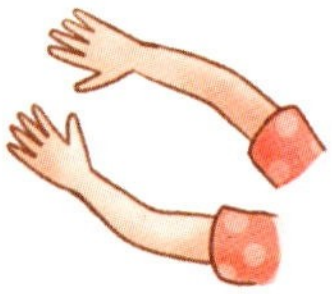

und sagt: „Ich wette, dass ich

schneller auf meinen zwei 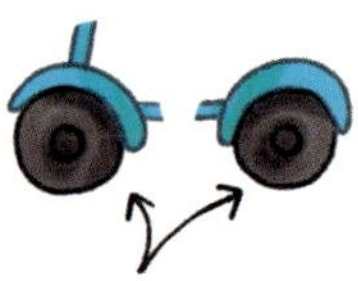

über alle  fahre als du."

„Willst du mir und Rea einen 
aufbinden? Warum sollte das mit
den winzigen 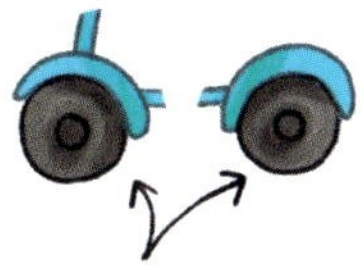 jetzt klappen?“,
fragt der . „Ha, ich wette um
meine neue , dass du das nicht
schaffst!“, ruft Rea grinsend.

„Du landest aber so was von sicher wieder im . Bestimmt hast du jetzt schon die  voll.“ – „Nicht die 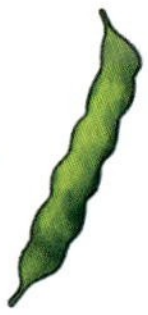!“, ruft Nelli. „Und abgemacht: Wenn ich gewinne, bekomme ich die coole .“

Sie grinst und tauscht den 

gegen das . „He, du musst

den  nehmen!“, schreit Rea.

Nelli schüttelt den . „Das 

hat auch zwei  und es gehört

mir. Also gilt es!“

Rea knirscht mit den 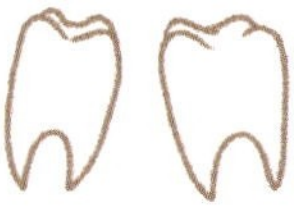 und verzieht den 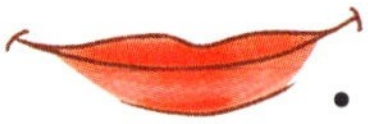. „Wie unfair“, murmelt sie. Nelli schiebt das  bis auf die 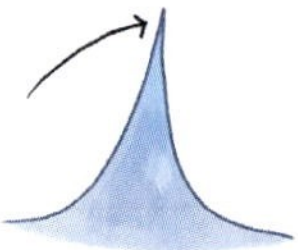 des . Neben Rea und deren .

Nun fühlt sich ihr 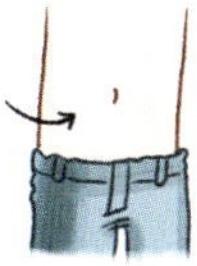 durcheinander an wie ein 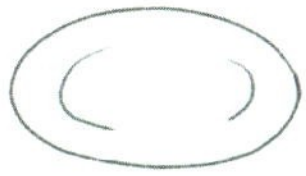 gekochter . Auf dem  hat sie gut fahren können, aber nun? Überall  und ! Sie sieht zu Jan.

Der zeigt ihr mit seinen 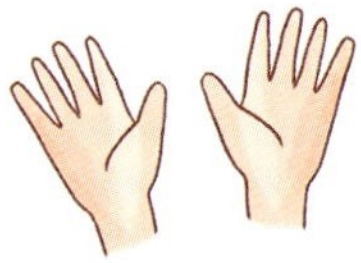

ein . Nelli freut sich darüber so

sehr, dass sich die  im 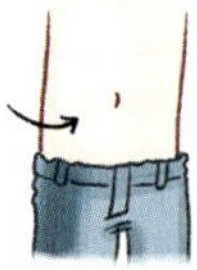

entwirren. Sie kippt das 

und setzt sich auf den 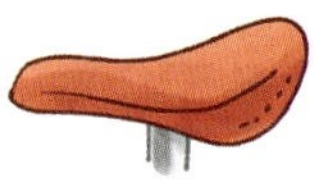.

Jan klatscht in die 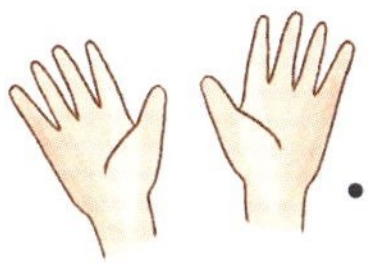. Jetzt geht es los! Nelli schiebt an und hält den 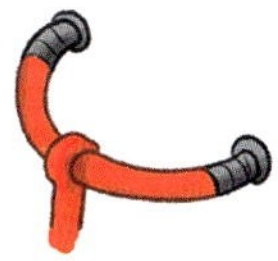 ganz fest. Erst ist sie langsam wie eine . Rea ist schon weit vorne.

Doch dann bremst Rea ganz

plötzlich ab. „Ein !“, ruft sie.

Nelli rattert vorbei, fast hätte sie

Reas  gestreift. Sie sieht,

wie der  in die  hüpft.

Vorsichtig fährt sie weiter. Bis zu Jan. Rea rollt auch heran. Sie schraubt die  vom 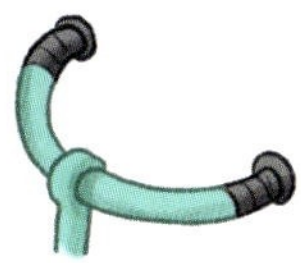 und hält sie Nelli hin. „Hier!“, sagt sie. Nelli schüttelt den .

„Behalte die . Du hast den 

gerettet. Sonst hättest du bestimmt

gewonnen.“ Rea zieht überrascht

die  kraus und macht die 

wieder an ihren 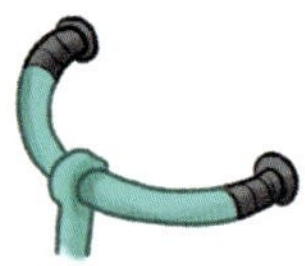.

„Komm morgen wieder. Dann zeige ich dir, wie man  bezwingt.“ Sie hebt die 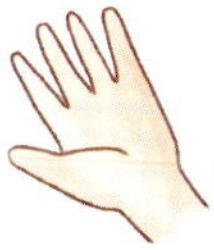, damit Nelli einschlagen kann. Nellis  wird rot und sie klatscht Rea ab. „Total gerne“, antwortet sie glücklich.

Die Wörter zu den Bildern:

Gießkanne

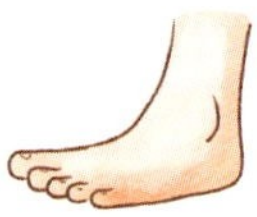
Fuß

Roller

Eimer

Rucksack

Blumen

Arme

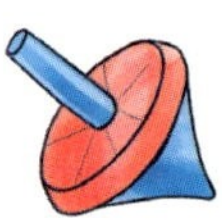
Kreisel

Wiese

Garage

Kinder

Fahrrad

Äste

Hügel

Blitze

Rennfahrer

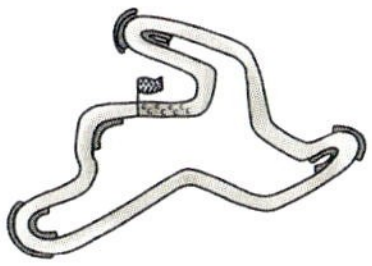
Rennstrecke

Mädchen

Wind

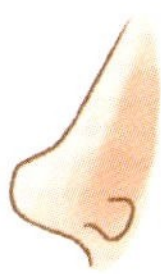
Nase

Helm

Klingel

Weg

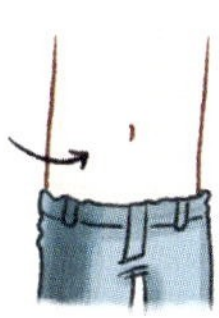
Bauch

Berg

Augen

Wurzel

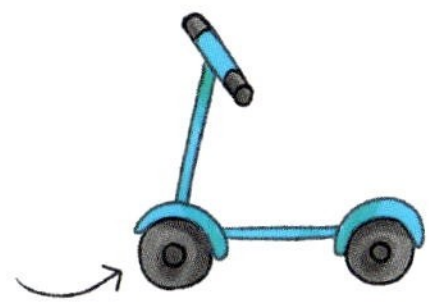
Vorderrad

Bogen

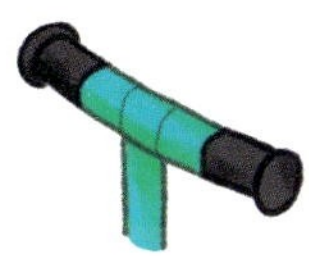
Lenker

Pfütze

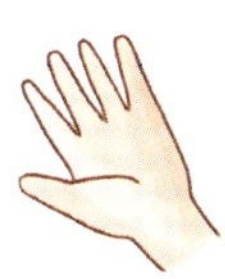
Hand

Stirn

Kopf

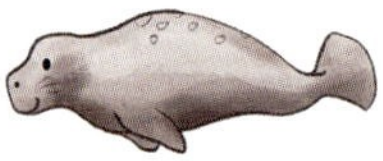
Seekuh

Junge

Pullover

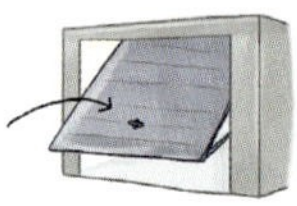
Tor

Regale

Werkzeug

Rasenmäher

Ecke

Gesicht

Hammer

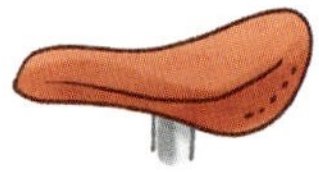
Sattel

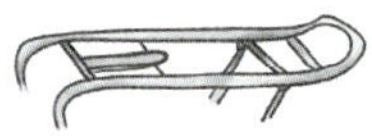
Gepäckträger

Hof

Pedale

Bordsteinkante

Reifen

Gehsteig

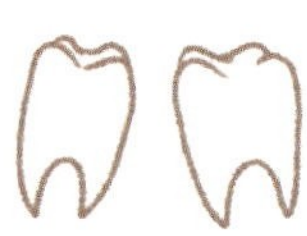
Zähne

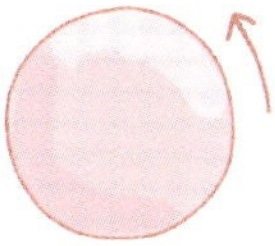
Kreis

Baum

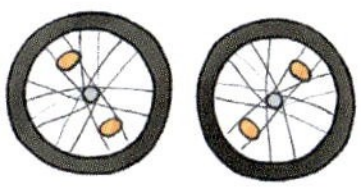
Räder

Autos

Ohr

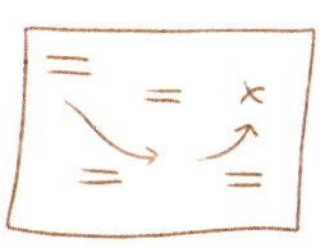
Plan

Bär

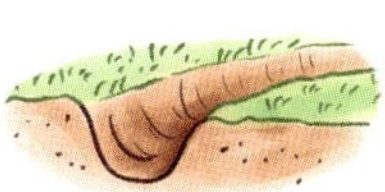
Graben

Hose

Bohne

Mund

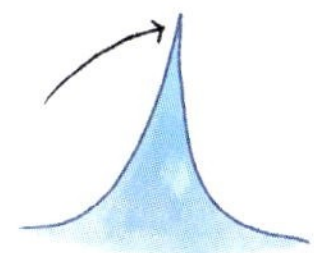
Spitze

Teller

Spaghetti

Herz

Schnecke

Frosch

Ann-Katrin Heger arbeitete viele Jahre als Redakteurin in verschiedenen Kinder- und Jugendbuchverlagen, bevor sie sich als Autorin selbstständig machte. Sie lebt mit Mann, Kindern, Kater und Büchern in Fürth.

Anna-Lena Kühler studierte in Wiesbaden Kommunikationsdesign mit dem Schwerpunkt Illustration. Seitdem zeichnet sie freiberuflich für Verlage im In- und Ausland. Sie lebt mit Mann, Kindern und Katzen im kleinen Örtchen Eltville am Rhein.

Noch mehr Lesespaß!

ISBN 978-3-7432-1177-3

ISBN 978-3-7432-1194-0

ISBN 978-3-7432-1198-8

ISBN 978-3-7432-0726-4